LETTRE

DE LA DUCHESSE

DE LA VALLIERE

A LOUIS XIV.

LETTRE

DE LA DUCHESSE

DE LA VALLIERE

A LOUIS XIV,

PRÉCÉDÉE D'UN ABRÉGÉ DE SA VIE.

Par M. BLIN DE SAINMORE.

Quid delubra juvant ?

Quid vota furentem,

Virg. Eneid. Lib. 4.

A LONDRES,

Et se trouve

A PARIS,

Chez LE JAY, Libraire, rue S. Jacques, près celle des Mathurins, au grand Corneille.

M. DCC. LXXIII.

AVERTISSEMENT.

Quelques Personnes prétendent que le goût
des Héroïdes est passé, comme si un genre
susceptible du plus grand intérêt & propre à
déveloper les situations les plus terribles & les
plus pathétiques, les passions les plus fougueu-
ses & les plus touchantes, pouvoit être soumis aux caprices d'une mode passagère. Tout
ouvrage écrit avec pureté, avec élégance, &
sur-tout avec chaleur, doit être sûr, de quelqu'espèce qu'il soit, de plaire aux gens de goût,
& d'intéresser les ames sensibles. L'accueil que
le Public a bien voulu faire à mes foibles es-
fais dans ce genre, me confirme encore dans
mon opinion. Mais qui peut mieux exciter la
curiosité qu'une Epître à la tête de laquelle
se trouve le nom de la Vallière, c'est-à-dire,

A iij

le nom d'une des femmes les plus tendres qui ayent jamais exifté? Si l'on en croit les Mémoires de Mademoifelle de Montpenfier, cette Héroïne infortunée, avant de faire profeffion, adreffa effectivement à Louis XIV, une Lettre qu'elle dicta au Comte de Laufun. Ici, l'on fuppofe qu'elle écrit elle-même à fon augufte Amant le lendemain qu'elle a quitté la Cour, & qu'elle eft entrée aux Carmelites. Jamais perfonnage ne fut plus intéreffant ni fituation plus déchirante. Qu'on fe figure la douleur de cette Amante paffionnée, qui tout-à-coup fe voit abandonnée de tout ce qui lui eft cher, & qui s'arrache à la pompe de la Cour la plus brillante pour aller s'enfevelir dans la retraite la plus rigoureufe; qu'on fe repréfente cette trifte victime de l'Amour profternée au pied des Autels,

pleurant avec amertume des erreurs invo-
lontaires, luttant fans ceffe avec effort contre un penchant qui la maîtrife, & fe dé-
vouant aux auftérités les plus effrayantes ;
& l'on conviendra que ce fujet étoit un
des plus heureux qu'on pût rencontrer ;
peu du moins offrent davantage ces combats
du cœur, ces agitations tumultueufes d'une
ame, tantôt entraînée par l'attrait d'une paffion féduifante, & tantôt effrayée par la
voix d'une religion qui nous arrache à nos
foibleffes. Il falloit fans doute une main plus
habile pour y répandre ces images fenfibles
& vraies, ces tours nombreux & flatteurs ;
cette mélancolie douce & touchante qui donne des charmes même à la trifteffe. Quoiqu'il en foit, je mets le tableau fous les yeux
du Public ; c'eft à lui à juger de l'exécution.

Dans la vie abregée que je joins à cette Lettre, j'ai raſſemblé les principaux traits qui caractériſent à la fois, l'Héroïne que j'ai choiſie, la Cour où elle a vécu & le Monarque qu'elle aima avec tant de conſtance & de déſintéreſſement.

ABRÉGÉ DE LA VIE

DE LA DUCHESSE

DE LA VALLIERE.

Louis XIV a joué un rôle ſi éblouïſſant dans l'Europe, qu'il imprime même encore aujourd'hui un caractère de grandeur ſur tout ce qui a rapport à ſon règne. Tandis que ce Monarque réſiſtoit ſeul aux efforts de tous les Souverains conjurés contre lui, que par des victoires accumulées il reculoit les limites de ſon Empire, & que l'univers retentiſſoit du bruit de ſes conquêtes & de ſa gloire, ſa Cour ornée de la plus brillante Jeuneſſe, réuniſſoit tout ce que les talens, les graces & la magnificence peuvent avoir de plus flatteur & de plus éclatant. Les plus rares Beautés ſe diſputoient le cœur des Courtiſans les mieux faits & les plus galants. La nature ne parut s'être repoſée ſi long-tems, que pour faire du ſiècle de Louis XIV l'époque la plus glorieufe de la Monarchie Françoife. Ce Prince, doué de la figure la plus impofante & de la taille la plus avantageufe, ne fut point infenfible au milieu de tant de féductions. Marie de Mancini (1), nièce du Cardinal de Mazarin, lui fit éprouver les premières impreffions de l'amour. Il conçut même le deffein de l'époufer : mais le Cardinal qui prévoyoit beaucoup d'obftacles à cette union, n'ofa jamais y confentir. Il maria fa nièce au Connétable Colonne. De toutes les paffions que reffentit ce Monarque, la plus flateufe pour lui & la moins onéreufe à l'Etat, fut celle que lui infpira Mademoifelle de la Vallière, dont le défintéreffement fincère & la tendreffe exceffive doivent lui faire à jamais pardonner fes foibleffes.

Marie-Françoife le Blanc de la Baume, Ducheffe de la Vallière, étoit née le 6 Août 1644, dans la Province de Touraine, où fa famille tenoit depuis long-tems un rang diftingué. On ne fait pas précifément quel âge elle avoit lorfqu'elle vint à

______

(1) Ce fut elle qui en quittant le Roi pour aller en Italie, lui dit : *Vous êtes Roi, vous m'aimez, vous pleurez, & je pars.*

la Cour, ni de quelle manière elle y fut intro-
duite : on fait feulement qu'elle étoit Fille d'Honneur de Madame (2) , & qu'elle avoit à-peu-
près dix-huit ans, lorfqu'elle conçut pour Louis
XIV une paffion que ce Monarque eût toujours
ignorée, fi, en plaifantant un jour, le Duc de
Roquelaure ne l'en eût inftruit. Depuis ce mo-
ment, le Roi remarqua la Vallière avec com-
plaifance , chercha avec empreffement les occafions de l'entretenir ; & pour la voir plus fouvent, il rendit de fréquentes vifites à Madame.
Cette Princeffe, depuis fon mariage avec Mon-
fieur, avoit introduit à la Cour de Louis XIV
une émulation d'efprit, une politeffe & des graces dont on n'avoit point encore eu d'idée. Le
Louvre devint le centre du goût , de la galanterie & de la décence. Toutes les autres Cours de
l'Europe s'efforçoient de fe modeler fur celle

______

(2) Henriette-Anne Stuart , fœur de Charles II, Roi d'An-
gleterre, & première femme du Duc d'Orléans, frère unique
du Roi, mourut à Saint-Cloud le 1 Juin 1670, âgée de vingt-
fix ans.

de France. Les jours n'étoient qu'un enchaîne-
ment de fêtes & de spectacles. On sait que dans
ces sortes de plaisirs, jamais Prince ne porta
plus loin la pompe & la magnificence. La Vallière fut deux ans l'objet caché de toutes ces
fêtes. Un jeune Valet de Chambre du Roi nom-
mé Belloc, dit M. de Voltaire, composoit plusieurs récits mêlés à des danses, tantôt chez la
Reine & tantôt chez Madame, & ces récits ex-
primoient, avec mystère, le secret de leurs
cœurs, qui cessa bientôt d'être un secret. En
1662, ajoute cet illustre Ecrivain, on fit un
Carousel vis-à-vis des Thuilleries, dans une
vaste enceinte qui en a retenu le nom *de la
Place du Carousel.* Il y eut cinq quadrilles. Le
Roi étoit à la tête des Romains ; son frere, des
Persans ; le Prince de Condé, des Turcs ; le Duc
d'Enguien son fils, des Indiens ; & le Duc de
Guise (3), des Américains. Tous ces divertisse-

---

(3) Il étoit petit fils du Duc de Guise le balafré. Ses aventures
romanesques firent dire à ceux qui le voyoient courir avec le
Prince de Condé : *Voilà les Héros de la Fable & de l'Histoire.*

mens publics, étoient autant d'hommages rendus à la Vallière. Confondue dans la foule, elle goûtoit le plaifir fecret & flateur de fe voir adorée d'un des plus puiffants Monarques de l'Europe. Louis XIV à travers tous les regards attachés fur lui, ne diftinguoit que ceux de fa Maîtreffe. Le peu de vraifemblance, qu'un Souverain de vingt-trois ans, entouré des plus belles femmes de fon Royaume, fe fût décidé en faveur de Mademoifelle de la Vallière, fit croire aux Courtifans que Madame étoit l'objet de toutes fes galanteries (4). Cette Princeffe, ambitieufe & coquette, le crut même quelque-tems : mais on s'apperçut bientôt qu'elle ne fervoit que de prétexte. Flattée des fentimens qu'elle s'imagina avoir infpirés au Roi, enorgueillie de la victoire qu'elle penfa avoir

(4) Toute la Famille Royale fut alarmée de l'intelligence fecrette qu'on crut remarquer entre Louis XIV & fa belle-Sœur. Le Roi ne fit que conferver pour elle un fond d'eftime & d'amitié que rien ne put altérer. On fait que c'eft à cette Princeffe qu'on doit la Bérénice de l'illuftre Racine.

remportée fur toutes les autres femmes de la Cour, Madame ne fe vit détrompée qu'avec douleur. Elle en conçut même un fi violent dépit, qu'elle chercha chaque jour de nouvelles occafions de mortifier la Vallière. Toutes ces fureurs ne fervirent qu'à allumer davantage la paffion du Roi. Bientôt il n'en fit plus myftère. On raconte qu'un jour étant à la promenade dans le Parc de Verfailles avec les principales Dames de la Cour, il furvint une petite pluie : Louis XIV, fans s'embarraffer des autres femmes, donna la main à la Vallière, & tint même long-tems fon chapeau au-deffus de fa tête de peur qu'elle ne fût mouillée. Madame vit avec impatience l'amour du Roi pour fa fille d'honneur, fe manifefter chaque jour par les témoignages les moins équivoques & les préfens les plus magnifiques. Ce Monarque exigea que la Vallière, ornée de toutes fes pierreries, fe préfentât devant Madame. Cette Princeffe lui demanda en préfence de Louis XIV, de qui elle tenoit ces bijoux. C'eft moi qui les lui ai donnés, repartit bruſquement le Roi. Madame ne répondit rien : mais elle en conſerva dans le fond du cœur un reſſentiment qu'elle ſe propoſoit de faire éclater lorſque l'occaſion lui paroîtroit favorable. D'abord elle ſe plaignit hautement de l'outrage qu'on lui faiſoit, en choiſiſſant ſa maiſon pour un commerce de cette nature. Elle communiqua ſes ſcrupules apparents à la Reine mère (5). Elles convinrent toutes deux qu'elles en parleroient à la Vallière. Elles la firent venir, & lui reprochèrent, avec une dureté & une hauteur ſans exemple, d'exciter la diſcorde & le divorce dans le ſein de la Famille Royale. La Vallière confuſe, déſeſpérée de recevoir tant d'humiliation, réſolut d'aller enſevelir ſa honte & ſa douleur dans le fond d'un cloître. Sans avoir communiqué ſon deſſein à qui que ce fût, elle ſe rendit aux Filles

---

(5) Anne d'Autriche , veuve de Louis XIII, & mère de Louis XIV. Elle mourut à Paris, le 20 Janvier 1666 , dans ſa ſoixante-cinquième année. Elle étoit fille , ſœur , femme & mère de Roi.

de Sainte-Marie, à Chaillot, & s'enferma feule pour pleurer en liberté. Le Roi apprend cette nouvelle, il eſt comme frappé de la foudre, il quitte les Ambaſſadeurs auxquels il donnoit audience, monte à cheval, & court à toute bride à Chaillot. Il ſe préſente devant Mademoiſelle de la Vallière, qui, touchée de cette marque de tendreſſe, ne peut retenir ſes larmes. Cet heureux Amant reſſentit toute l'émotion qu'il cauſoit. Après un aſſez long entretien, il conjura la Vallière de retourner à la Cour. Elle s'en défendit beaucoup, en alléguant les mortifications auxquelles elle étoit expoſée. Le Roi lui promit d'y mettre ordre, & la ſollicita de ſi bonne grace, qu'elle n'eut pas la force de réſiſter à tant d'inſtances. Louis XIV la ramena en triomphe chez Madame, à qui il la recommanda comme la perſonne qui lui étoit la plus chère. Il avoit déjà preſſé pluſieurs fois la Vallière d'accepter une maiſon particulière : mais elle l'avoit toujours refuſée, en lui repréſentant que cet éclat feroit capable de la perdre & d'animer ſes ennemis.

Le

Le Roi lui fit obferver que c'étoit l'unique moyen de la fouftraire aux perfécutions qu'elle éprouvoit, & d'être à portée l'un & l'autre de fe voir chaque jour plus librement. Enfin, elle y confentit. On lui donna l'hôtel de Biron, qu'on fit meubler de la manière la plus riche & la plus fomptueufe. Le Monarque ne s'en tint pas là. Il gratifia le frère de la Vallière d'une charge confidérable, & lui procura un mariage avantageux.

Madame, qui voyoit échouer toutes les entreprifes qu'elle formoit pour rompre cette intelligence, fit part de fes chagrins à Olimpe de Mancini, Comteffe de Soiffons. Celle-ci engagea le Marquis de Vardes, fon Amant, à feconder Madame : le Comte de Guiche, fils aîné du Maréchal de Gramont, jeune homme plein d'efprit, de courage & d'audace, que Madame écoutoit favorablement, s'unit à eux. Ils efpéroient que, s'ils parvenoient à faire éloigner la Vallière, ils refteroient les maîtres de la Cour. Ils s'imaginoient que, fi par quelque moyen la jeune Reine pouvoit connoître les nouvelles amours du Roi, ce Prince fe verroit bientôt forcé de renoncer à fa Maîtreffe. Il doit paroître étonnant que la Reine feule ne fût rien d'une intrigue qui occupoit toute la Cour : mais fi l'on fe repréfente la crainte & le refpect que Louis XIV infpiroit à tous ceux qui l'approchoient, on ne fera plus furpris qu'aucun Courtifan n'ait ofé découvrir ce fecret. Chacun craignoit par une pareille indifcrétion, d'encourir l'indignation & la vengeance du Monarque. C'eft pour cela que les ennemis de la Vallière eurent recours à un artifice qui ne les compromît point. En conféquence, Madame, la Comteffe de Soiffons & leurs Amans arrêterent que le plus fûr expédient pour réuffir, étoit de faire parvenir à la Reine, comme de la part du Roi d'Efpagne, une lettre qui l'inftruisît de tout ce qu'elle ignoroit. De Vardes compofa la lettre en François, de Guiche la traduifit en Efpagnol. La lettre parvint à fa deftination, fans que perfonne fe doutât pour lors d'où elle venoit. La Reine qui aimoit paffionnément fon mari, & qui en avoit été fort aimée dans la première année de son mariage, fut outrée de douleur. La Reine mère prit son parti. Le Roi furieux ne savoit qui devoit être l'objet de son reffentiment. Il mit tout en ufage pour le découvrir. Il s'adreffa même au Marquis de Vardes en qui il avoit la plus aveugle confiance. Le Marquis feignant de la furprife, fit adroitement tomber les foupçons fur Madame de Navailles, Dame d'Honneur de la Reine, qu'il favoit n'être pas aimée du Roi. Ce Prince le crut. Madame de Navailles & fon mari furent facrifiés. Ils furent obligés de fe démettre de leurs charges & de fe retirer de la Cour. Le Marquis fâché au fond du cœur des défordres dont il étoit caufe, confidéra avec peine la profondeur de l'abîme où il avoit eu la foibleffe de s'engager : mais il n'étoit plus tems de reculer.

La jeune Reine toujours affligée de voir la Vallière occuper feule le cœur du Roi, porta fes plaintes à l'Ambaffadeur d'Efpagne : mais l'Ambaffadeur, en habile Courtifan, fentit combien il étoit dangereux de fe mêler d'une affaire auffi délicate, & fous quelque prétexte il refufa de s'en charger. Cette Princeffe défefpérant de ramener fon mari, tomba dangereufement malade. Le Roi parut fenfible à fon chagrin : mais n'en demeura pas moins attaché à Mademoifelle de la Val-lière, qui devenue enceinte, accoucha en 1666 de Mademoifelle de Blois (6). Quelque-tems après fes couches, il la fit Ducheffe. Il voulut même qu'elle fût préfentée à la Cour, & que les deux Reines la reçuffent avec toute la diftinction due à fa nouvelle dignité. Vû les difpofitions où ces deux Princeffes étoient à fon égard, l'entre-prife devenoit hardie & la négociation difficile. Madame de Montaufier, femme de beaucoup d'efprit & d'adreffe, fut choifie pour la faire réuf-fir : mais dans le même-tems la jeune Reine ac-coucha, & fut pendant quelques jours en très-grand danger. Cette Princeffe voyant le Roi affligé de fa maladie, faifit l'occafion. Elle s'unit avec

____

(6) Marie-Anne de Bourbon, née en Octobre 1666, & légiti-mée le 13 Mai 1667, fut d'abord nommée Mademoifelle de Blois. De tous les enfans du Roi, elle fut la plus reffemblante à fon père. Elle époufa Armand de Conti, coufin du Grand Condé.

la Reine mère & son Confesseur, pour engager le Roi à marier la Vallière. Louis XIV voulant ménager l'état de la Reine, dit que si la Vallière y consentoit, il ne s'y opposeroit pas. On proposa ce mariage au Marquis de Vardes; mais ses liaisons avec la Comtesse de Soissons l'empêcherent de l'accepter.

Madame de son côté ne négligeoit rien pour dégouter le Roi de sa Maitresse. Elle donna à ce Prince un superbe divertissement, où elle fit trouver à dessein une femme d'une beauté remarquable, il n'y fit nulle attention. Son cœur étoit uniquement occupé de la Vallière, & les efforts qu'on faisoit pour l'en détacher, ne firent que la lui rendre encore plus chère. Il voulut voir s'il en étoit aimé comme il l'aimoit. Il feignit de rechercher plusieurs Dames de la Cour. On assure même qu'il alla plus loin avec l'une d'elles : mais cette intrigue ne fut pas de longue durée. Du moins la Vallière qui avoit beaucoup d'estime pour le Roi, & beaucoup de confiance en lui, parut l'ignorer : elle ne prit aucun ombrage des assiduités que son Amant rendoit à d'autres Beautés célèbres. Son peu de jalousie piqua la vanité du Roi. Il se plaignit de son indifférence. La Vallière s'excusa, en disant qu'elle lui croyoit trop d'honneur pour manquer à ses sermens, & le cœur trop sensible pour cesser de l'aimer. Il y eut cependant, durant quelques jours, entre ces deux Amans un léger nuage, qui disparut bientôt pour faire place à de nouvelles preuves de leur passion. La Vallière trouva tant de plaisir dans ce raccommodement, qu'elle dit au Roi : *Sire, raccommodons-nous sans cesse. Ah ! plutôt*, répondit ce Prince, *ne nous brouillons jamais.*

Louis XIV malgré toutes ses recherches, n'avoit pu découvrir d'où venoit la lettre qu'on avoit écrite à la jeune Reine. Le hasard lui en révéla le mystère. Il apprit que le Comte de Guiche, malgré ses défenses, continuoit à rendre des assiduités à Madame : il le relégua à Marseille. Cette Princesse, pour se consoler de la perte de son Amant, forma quelque dessein sur Vardes : mais elle ne put jamais lui faire abandonner la Comtesse de Soissons. Celle-ci fière de ce succès, tint fur le compte de Madame des propos indiferets qui lui parvinrent. Madame n'écoutant que fon reffentiment, conçut le deffein de s'en venger à quelque prix que ce fût. Elle découvrit au Roi le fecret de la lettre Efpagnole, qu'ils avoient concertée enfemble. Ce Monarque irrité de fe voir trahi auffi lâchement par ceux qu'il avoit le mieux aimés, envoya de Vardes dans un ca-chot à la citadelle de Montpellier (7), & exila la Comteffe de Soiffons dans le Gouvernement de Champagne qu'avoit fon mari. Madame fut la feule qui fe fauva du naufrage ; & de Vardes, qui étoit fur le point d'être fait Duc, vit ainfi toutes fes efpérances s'évanouir.

Le Roi ne refpiroit que pour adorer la Vallière.

---

(7) Le Roi qui aimoit de Vardes, s'appaifa bientôt. On lui donna d'abord la citadelle pour prifon, & enfuite la ville de Montpellier. Il eut enfin la permiffion d'aller de Montpellier à Aigues-Mortes. Ce Courtifan adoucit la rigueur de fon exil, en s'appliquant à l'étude des Sciences où il acquit de grandes connoiffances. Il mourut, aimé & regretté de toute la province de Languedoc.

Tout le refte lui étoit indifférent : il ne fe plai-
foit qu'avec elle. Il trouvoit tant de charmes
dans fa converfation, que fouvent il paffoit de
fuite des jours entiers & la moitié des nuits à l'entretenir. Un jour qu'ils étoient enfermés enfemble, la Vallière reffentit tout-à-coup les douleurs de l'enfantement. Elles devinrent fi preffantes, que le Roi n'eut pas le tems d'appeller
du fecours. Il fe vit même dans la néceffité de
l'aider à mettre au monde le Comte de Vermandois (8). Il prit à la Vallière une telle foibleffe,
que pendant quelque-tems les Dames qui étoient
furvenues, la crurent morte. Le Roi étoit dans
la plus violente agitation; il ne la quittoit pas
un inftant. Il fe faifoit fervir auprès d'elle. La

---

(8) Louis de Bourbon, Comte de Vermandois, Amiral de
France, né le 14 Mai 1667, & légitimé le 22 Février 1669,
il mourut au fiège de Courtray vers la fin de 1683. On a cru
long-tems qu'il étoit le prifonnier de la Baftille, appellé *l'homme*
au mafque de fer. Quelques perfonnes le croient même encore
aujourd'hui.

Vallière ne se rétablit que lentement. Elle en
en conserva même une maigreur excessive & une
si grande foiblesse dans la moitié du corps, qu'elle
ne marchoit plus qu'avec peine. Rien cependant
n'apportoit de changement à l'inclination du Roi.
La Vallière occupoit toujours la première place
dans son cœur. Ce Monarque ne cessoit d'avoir
pour elle les égards les plus tendres & les plus
distingués. Elle lui avoit fait présent d'un habit
magnifique. Sensible à cette galanterie, il le porta
long-tems ; & quelques jours après, il lui envoya
en échange une parure de diamants extrêmement
riche. Le Roi un autre jour faisoit la revue de
ses troupes à Vincennes, en présence des Am-
bassadeurs & des principaux Seigneurs de sa Cour ;
la Vallière s'y trouva. Dès que le Roi vit son ca-
rosse, il alla lui parler, & resta pendant une heure
& demie à la portière le chapeau bas malgré la
pluie. A quelques pas de là, il rencontra le ca-
rosse des deux Reines, il les salua & ne s'arrêta pas.

On prétend qu'un soir, comme le Roi venoit
de la quitter, & qu'elle étoit au lit depuis un

inftant, une petite chienne qu'elle avoit fe mit à abboyer. La Vallière d'abord ne fut point allarmée : mais lorfqu'elle entendit marcher quelqu'un dans fa chambre, elle fe leva toute effrayée, & courut appeller du fecours. On vint auffi-tôt : on vifita par-tout : on ne vit perfonne ; mais on s'apperçut que les fenêtres étoient ouvertes, & on y trouva des échelles de cordes attachées. Une aventure auffi extraordinaire fit grand bruit. Le Roi promit, dit-on, jufqu'à dix mille louis à quiconque découvriroit les auteurs de ce complot. Ce fait eft rapporté par la plûpart des Hiftoriens de la Vallière : il eft du moins certain que dans le même-tems on lui donna des Gardes & un Maître-d'Hôtel, qui goûtoit de tout ce qu'on fervoit fur fa table.

Après des témoignages auffi éclatans & auffi fouvent réitérés, après une conftance auffi foutenue, il fembloit que cette paffion dût éternellement durer. Les deux Reines & Madame avoient inutilement tenté tous les moyens poffibles de rompre l'union de ces deux Amans. Les autres

femmes de la Cour qui avoient des prétentions
fur le cœur du Roi, s'intriguoient chaque jour,
& chaque jour elles voyoient échouer toutes
leurs entreprifes. Madame de Montefpan, femme
d'une grande beauté, d'un caractère altier & im-
périeux, mais d'un efprit fin & délié, ne laiffoit
échapper aucune des occafions qui pût la faire
valoir. Elle eut en même-tems l'adreffe de don-
ner à la Reine une grande opinion de fa vertu en
communiant devant elle tous les huit jours, &
de s'infinuer dans les bonnes graces de la Vallière,
de manière qu'elle ne la quittoit pas. Ainfi elle
paffoit fa vie avec le Roi, & employoit tous les
moyens pour s'en faire aimer. On penfe bien
qu'il ne devoit pas être difficile d'y réuffir à une
perfonne que les fcrupules n'arrêtoient point, &
qui à la figure la plus aimable, joignoit l'efprit
le plus féduifant (9). La Vallière avoit perdu l'é-

---

(9) Madame de Montefpan dit à ceux qui lui annoncèrent
que le Père la Chaife approuvoit le Roi de l'avoir quittée pour
Mademoifelle de Fontanges : *Je favois bien que ce Père la Chaife
n'étoit qu'une chaife de commodité.*

clat de la première jeuneffe. Sa dernière couche, en altérant fa fanté, avoit auffi enlevé une grande partie de fes charmes. Le Roi n'avoit déjà plus pour elle le même empreffement. A mefure que ce Prince fe refroidiffoit pour Mademoifelle de la Vallière, Madame de Montefpan faifoit de nouveaux progrès fur fon cœur. Sans ceffe entourée d'Adorateurs, comme il lui étoit important de perfuader au Roi qu'elle n'en écoutoit aucun, elle affectoit tous les foirs au coucher de la Reine où ce Prince fe trouvoit fouvent, de tourner en ridicule les propos que chacun d'eux lui avoit débités dans la journée. La Vallière, qui s'appercevoit que le Roi commençoit à la négliger, fut charmée de trouver dans Madame de Montefpan, une Amie à qui elle pût confier fes chagrins. On vit entre ces deux femmes les apparences de l'amitié la plus étroite. Elle étoit fincère de la part de la Vallière, naturellement pleine de droiture & de bonne foi ; mais il y avoit de la diffimulation de la part de l'autre, qui n'étoit pas de caractère à aimer une rivale, & qui

ne careſſoit la Vallière que pour la trahir (10).
Elle paroiſſoit cependant entrer dans ſes intérêts,
& partager ſes douleurs. Elle affeƈtoit pour elle
une complaiſance particulière. Tantôt elle blâ-
moit le Roi de lui témoigner autant d'indifférence ; tantôt elle pouſſoit la fauſſeté juſqu'à lui
propoſer les moyens de le ramener. Aſſurée des
diſpoſitions de Louis XIV, elle ſavoit trop bien
que l'amour ne revient jamais ſur ſes pas, & qu'en
feignant de plaindre ſa rivale, ſes intérêts ne cou-
roient aucun danger.

Le Roi venoit ſouvent chez Madame de la
Vallière, mais c'étoit pour y voir Madame de
Monteſpan. La Vallière prit d'abord ces viſites
pour ſon compte ; mais elle ne tarda pas à revenir
de ſon erreur, & à s'appercevoir qu'elle étoit la
viƈtime de ſa confiance & de ſa crédulité. Elle
s'en plaignit au Roi avec douceur. Elle lui mit

---

(10) Madame de Monteſpan avoit trahi la Vallière. On ſait
qu'elle le fut à ſon tour par la veuve Scaron, ſi célèbre depuis,
ous le nom de Madame de Maintenon.

fous les yeux tout ce qu'il avoit fait pour elle.
Elle lui repréfenta fes fermens, fa tendreffe paffée.
Elle lui répéta tout ce que la douleur & l'amour
peuvent infpirer de plus touchant. « Ah! Sire,
» dit-elle, eft-ce ainfi que vous m'avez promis
» de m'aimer? Avez-vous pu rompre un lien que
» vous deviez toujours chérir? Avec quelle ten-
» dreffe cherchiez-vous autrefois à diffiper la trop
» jufte crainte que j'avois de vous perdre! Qu'eft
» devenu ce tems où vous étiez perfuadé qu'il
» n'y avoit que mon cœur au monde capable
» de reffentir tout l'amour que vous étiez jaloux
» d'infpirer? Efpérez-vous en trouver jamais
» d'auffi tendre, d'auffi fidèle que le mien. Je ne
» fais, Sire, fi j'aurai la force de fupporter la perte
» de votre amour : mais je fuis bien fûre que votre
» indifférence ne m'empêchera jamais de vous ai-
» mer toute ma vie ». Le Roi incapable de fein-
dre long-tems, lui répondit qu'il étoit vrai qu'il
aimoit ailleurs : mais que rien ne pourroit altérer
l'eftime & les fentimens qu'il fe feroit honneur de
lui conferver. Ce difcours jetta le défefpoir &

l'accablement dans le cœur de la Vallière. La mort
dans le sein, les yeux remplis de larmes, elle con-
juroit le Roi de ne point l'abandonner : elle l'assu-
roit qu'elle ne pourroit survivre à cette cruelle sé-
paration. Elle recommença vingt fois les plus tendres prières. Ce fut en vain. Le Roi avoit pris son
parti. Une des choses qui fait le plus d'honneur à
cette Amante infortunée, c'est qu'étant éclaircie
de son sort, elle montra à Madame de Montespan,
une modération, une sérénité, qu'on ne devoit
guère espérer d'une rivale. Il ne lui échappa aucune marque d'emportement, pas même une seule
plainte contre elle. Elle supporta long-tems avec
douceur l'humiliation de voir triompher celle qui
l'avoit trahie ; & le plaisir de voir quelquefois
Louis XIV, qu'elle aimoit toujours, la consoloit
du chagrin de n'en être plus aimée. Madame de
Montespan adroite & ambitieuse, sentit qu'il ne
lui étoit pas inutile de se concilier par des manières prévenantes, la bienveillance des Courtisans,
que la Vallière moins intéressée avoit trop négli-
gés. Elle ne voyoit en se faisant aimer du Roi,

que le plaifir de l'emporter fur les autres femmes ; & de pouvoir difpofer de tout à fon gré. L'autre, avoit fait confifter fon bonheur à perfuader à fon Amant qu'elle l'aimoit uniquement pour lui-même. Elle ne lui avoit jamais demandé la moindre grace, ni pour elle, ni pour fes amis. Sa délicateffe alloit jufqu'à s'oppofer fortement à tout le bien que le Roi vouloit lui faire. Enfin, lorfqu'elle vit que la Cour s'éloignoit d'elle pour aller encenfer fa rivale, & qu'elle avoit perdu le cœur du Roi fans retour, fa douleur fut auffi exceffive que fon amour avoit été violent, & elle en eut même une maladie fi dangereufe qu'on craignit pour fa vie. A peine fa fanté fut-elle rétablie, qu'elle prit la réfolution d'aller finir fes jours dans le Cloître. Elle choifit le Couvent des Carmelites, de la rue Saint-Jaques à Paris, où elle fe rendit le 2 Juin 1674. Et un an après, elle fit profeffion dans l'intérieur du Chapitre de ce Monaftère, fuivant l'ufage de cet Ordre. Le lendemain, la Reine lui donna folemnellement le voile noir. L'illuftre Boffuet prononça un difcours rempli de

traits

traits fublimes. Il fembloit par l'énergie des ta-
bleaux foudroyer la victime infortunée qui s'im-
moloit volontairement. Je me figure dans ce mo-
ment le célèbre Fénélon à la place de l'Evêque
de Meaux. Je me repréfente l'Archevêque de Cam-
brai par une éloquence douce & perfuafive, jet-
tant la confolation dans ce cœur tendre & défef-
péré, lui peignant un Dieu compatiffant à nos
foibleffes, & toujours prêt à pardonner aux larmes du repentir ; l'onction touchante d'un pareil
Orateur n'eût-elle pas été plus conforme au caractère de la Vallière ? Quoiqu'il en foit, elle
quitta les grandeurs avec une entière réfignation,
& vécut chez les Carmelites fous le nom de Sœur
Louife de la Miféricorde, dans l'humiliation la plus
profonde, & avec les témoignages les moins équivoques d'une fincère pénitence. Elle voulut d'a-
bord fe faire Sœur Converfe ; mais la Supérieure
de ce Couvent ayant réfifté à fes preffantes follici-
tations, elle demanda la permiffion de les foula-
ger dans leurs emplois les plus pénibles. Quoique
d'une complexion foible & délicate, rien ne la

C

rebutoit. Elle portoit continuellement la haire, le cilice, une ceinture de fer ; & pour expier le plaisir qu'elle avoit eu autrefois à prendre des liqueurs, elle s'imposa pendant plusieurs années, la peine de ne boire qu'un demi verre d'eau par jour (11). Dans quelque saison que ce fût, elle se levoit deux heures avant les autres, & passoit ce tems prosternée au pied des Autels, dans la posture la plus humble & la plus édifiante. Elle aimoit tendrement son frère : elle soutint cependant sa mort avec tant de fermeté d'ame, qu'elle ne donna aucune marque extérieure de sensibilité. Elle dit aux personnes qui l'exhortoient à soulager sa douleur par quelques larmes : *Il y a long-tems que j'ai tout sacrifié, c'est sur moi seule qu'il faut pleurer aujourd'hui.* Et lorsqu'on lui annonça qu'elle n'avoit plus de fils, elle dit encore: *Je dois pleurer sa naissance encore plus que sa mort.* La Reine & plusieurs

---

(11) Elle observoit même si scrupuleusement le jeûne du Vendredi-Saint, que de toute la journée elle ne se permettoit point de prendre seulement une goutte d'eau.

perſonnes de la Cour lui rendoient de fréquentes viſites : tous ces honneurs l'importunoient. Pour s'y ſouſtraire, elle ſupplia la Supérieure de la transférer dans la Maiſon la plus pauvre de l'Ordre, & la plus éloignée de Paris ; on ne voulut jamais y conſentir. Enfin, cette vie auſtère lui attira de longues & de violentes infirmités, qu'elle ſupporta avec une conſtance héroïque. Elle s'étoit ſi bien endurcie à la douleur, qu'elle y étoit devenue inſenſible. Un jour la Supérieure voyant ſa jambe gâtée par la gangrène, la gronda de ne l'avoir pas avertie, elle répondit qu'elle ne s'en étoit pas apperçue. La veille de ſa mort elle ſe leva encore à trois heures du matin, pour aller rendre au Saint-Sacrement ſon hommage ordinaire : mais les forces lui manquèrent en chemin. On la mit au lit, d'où elle ne releva pas. Elle mourut le 16 Juin 1710, après trente-ſix ans de Religion, âgée de ſoixante-ſix ans moins deux mois. Ainſi finit cette Héroïne, auſſi célèbre par ſa tendreſſe que par ſes auſtérités. Louis XIV ne fut jamais aimé plus véritablement qu'il le fut par elle ; & l'on n'a jamais vu de repen tir plus fincère, ni de pénitence plus rigoureufe.

Madame de la Vallière étoit d'une taille mé-
diocre, fon corps étoit mince & délié ; elle boi-
toit un peu, & la petite vérole avoit laiffé fur fa
figure quelques taches légères. Mais fa phyfiono-
mie étoit douce, ouverte, pleine de candeur &
de fenfibilité. Elle avoit la peau très-blanche, les
cheveux châtains & les yeux noirs. Lorfqu'elle
étoit libre, fon humeur avoit de la gaité & de la
vivacité. L'habitude de vivre à la Cour n'avoit
pu lui faire furmonter la timidité qui lui étoit
naturelle, & qui chez les femmes eft ordinaire-
ment la compagne de la fenfibilité. Son cœur étoit
tendre à l'excès, généreux, compatiffant, & fin-
gulièrement attaché à fes amis. La droiture & la
franchife éclatoient dans toutes fes manières. Elle
ignoroit naturellement l'art le plus néceffaire aux
Courtifans, le talent de l'intrigue. Incapable de
la moindre diffimulation, elle ne pouvoit la fup-
pofer dans les autres. Elle jouit de fa fortune fans
orgueil, & fouffrit fa difgrace fans fe plaindre.
Le cœur du Roi fut la feule chofe au monde

qu'elle regrettât. Elle ne chercha jamais à nuire, & si elle eut des ennemis, elle ne mérita jamais d'en avoir. Son esprit étoit naturel, plein de graces, & orné par les Belles-Lettres. Ses discours avoient un charme qui la faisoit écouter avec un plaisir inexprimable. La Poësie, cet amusement des ames sensibles, avoit souvent occupé ses loisirs. On prétend que lorsqu'elle étoit à la Cour, elle composoit des vers avec facilité ; & lorsqu'elle fut retirée du monde, on publia sous son nom un petit livre intitulé : *Réflexions sur la Miséricorde de Dieu* ; cette brochure imprimée en 1680, actuellement fort rare, eut alors beaucoup de vogue. Elle respire le dégout du monde & l'amour de Dieu. La Vallière s'y compare souvent à la Magdeleine (12), elle demande pardon à l'Etre suprême des déréglemens de sa vie passée. Cepen-

---

(12) C'est sous cette ressemblance que le célèbre le Brun a peint Madame la Vallière dans le superbe tableau qu'on voit aux Carmelites, & dont l'estampe qui orne cette brochure, est une fidèle copie.

C iij

dant on y voit encore qu'elle n'a point entière-
ment oublié son auguste Amant, & qu'il lui en
coûtoit quelquefois de grands efforts pour en éloigner le souvenir. « Je ne me flatte point, dit-elle,
» d'être morte à mes passions, pendant que je les
» sens revivre plus fortement que jamais dans ce
» que j'aime plus que moi-même, (elle parle du
» Roi) & d'autant plus dangereusement, que mon
» amitié, qui semble me vouloir justifier, m'em-
» pêche d'écouter la raison, & de suivre les sain-
» tes inspirations de mon Dieu ». Ce passage sin-
gulier peut servir de fondement à l'Héroïde qu'on
va lire.

Le Privilege se trouve au Recueil des Héroïdes du même Auteur,
ainsi que pour les Estampes.

C.le Brun Pinx.
V. Dupin filius Sculp. 1773.
Aug. de St Aubin direxit.

LETTRE
DE LA DUCHESSE
DE LA VALLIERE
A LOUIS XIV.

Quelle eſt donc, juſte Ciel! cette lugubre enceinte?
Je vois par-tout règner le deuil & la contrainte.
Reine hier, je marchois ſous ces lambris dorés,
Où pareils à des Dieux les Rois ſont adorés;

C iv

Où Louis tient le sceptre; où la magnificence

Annonce à tous les yeux sa gloire & sa puissance;

Où dans l'éclat trompeur des beaux jours qui m'ont lui

Je partageois l'encens qu'on brûle devant lui.

Où suis-je maintenant? O funeste contraste!

Ce n'est plus des grandeurs l'opulence & le faste;

C'est d'un cloître indigent l'affreuse austérité.

Dans ce sombre réduit par la crainte habité,

Où bénissant en paix le saint joug qui l'opprime,

La modeste vertu pleure ainsi que le crime,

Toute entière à mes feux, en proie à mes douleurs,

Hélas! depuis un jour, mes yeux baignés de pleurs

N'ont encore apperçu que des objets funèbres.

Cette lampe qui luit à travers les ténèbres,

Ce calme, ces tombeaux, ces lamentables chants,

Tout porte la tristesse & l'effroi dans mes sens.

Et c'est-là, cependant, que plaintive, éplorée,

A jamais des humains je vivrai séparée;

Et que changeant en deuil ces superbes atours,

Je vais au Roi des Rois offrir mes tristes jours.

De la pompe du Louvre ici que tout diffère!

Moi, languir dans un cloître! O Ciel! que viens-je y faire?

Moi, dompter mon amour! moi, prononcer des vœux,

Ah! plutôt... Mais hélas! fçais-je ce que je veux?

Avant de confommer cet affreux facrifice,

Que d'efforts fur mon ame il faudroit que je fiffe!

Que dis-je?... Quelques maux qu'il puiffe m'en coûter,

Il faut bien m'y réfoudre... & je vais tout quitter.

GRAND Prince, ce parti qui feul me refte à prendre,

Après tous mes malheurs ne doit plus vous furprendre.

J'ai vu s'éteindre un feu qui ne dut point finir.

J'ai ceffé de vous plaire... Il faut bien m'en punir.

Hélas! j'avois fi bien prévu votre inconftance,

Que de mes furveillans trompant la vigilance,

Au fond d'un cloître un jour je courus me cacher.

Vous-même dans l'inftant vîntes m'en arracher.

On croit tout, quand on aime: agneau foibe & timide,

Je fuivis fans effort un fi dangereux guide.

Qu'il vous en coûta peu pour vaincre mes refus!

Mais vous m'aimiez alors... Et vous ne m'aimez plus.

Louis, est-il bien vrai qu'au mépris de mes larmes,

Pour toi le changement ait aujourd'hui des charmes?

Quelle est donc la Beauté qui me ravit ta foi?

Hélas! en est-il une aussi tendre que moi?

Se peut-il qu'en un jour mes foiblesses passées

Soient de ton souvenir à jamais effacées?

As-tu pu sans pitié percer ce triste cœur,

Ce cœur infortuné dont tu fis le bonheur?

Un jour me disois-tu, las du pouvoir suprême,

« Que rarement un Prince est aimé pour lui-même;

» L'amour, le tendre amour qui me tient sous ta loi

» Peut seul me consoler du malheur d'être Roi.

» Oui, périsse le Ciel & la nature entière,

» Si je cesse un instant d'adorer la Vallière ».

Eh quoi! par tes sermens tant de fois outragé

Ce Ciel subsiste encore.... & ton cœur est changé.

D'où vient, cruel Amant, ne te suis-je plus chère?

Qu'ai-je fait? Par quel crime ai-je pu te déplaire?

Ingrat, tout mon malheur est de te trop aimer.

Que dis-je? A mon exil peux-tu t'accoutumer?

Dans quel fein voudras-tu, fi tu brife nos chaînes,

Epancher déformais tes plaifirs & tes peines?

Confulte bien ton cœur : la vie hélas! fans moi

Peut-elle avoir encor quelque douceur pour toi?

Eh bien! fi la pitié ne peut rien fur ton âme,

Du moins cède à la voix de l'honneur qui t'enflâme.

Lorfque la vérité, ce grand Juge des Rois,

Viendra chez nos neveux faire entendre fa voix,

Quand l'Hiftoire peindra ces rapides conquêtes

Ces fpectacles brillans, & ces fuperbes fêtes,

Ces pompeux monumens élevés par tes mains,

Chefs-d'œuvres immortels qu'envîroient les Romains,

Les Arts reffufcités, l'abondance en nos villes,

Ta fageffe étouffant les difcordes civiles,

Les grands-hommes en foule accourant à ta voix,

Et l'Europe à genoux te demandant des loix :

Alors de nos erreurs on parlera peut-être.

On dira quel penchant en mon fein tu fis naître.

On faura que ce Roi par-tout victorieux

Ce Roi fi bienfaifant, fi grand, fi glorieux

Pour moi feule eut une âme inflexible, cruelle.

Qu'il trompa fans pitié ce cœur tendre & fidèle;

Et que me puniffant de l'adorer toujours,

Il s'étoit fait un jeu d'empoifonner mes jours.

Veux-tu de cette tache obfcurcir ta mémoire?

Veux-tu que l'avenir en admirant ta gloire

Dife : Louis fut grand : mais parjure & trompeur

Il ne mérita pas de conferver un cœur.

Cher Prince, cher objet de ma flamme infenfée,

Oui, tu règnes toujours au fond de ma penfée.

Toi jadis allarmé de mes moindres ennuis,

Peux-tu m'abandonner dans l'état où je fuis?

Une Amante pour toi defcend à la prière;

Oui, cher Prince, à tes pieds vois tomber la Vallière.

Rends-moi ton cœur, ta foi : viens, je te tends les bras.

Viens partager mes feux... Pourquoi ne viens-tu pas?

Mes prières, mes pleurs; eh quoi! rien ne te touche.

Tu ne fus pas toujours fi dur & fi farouche.

Mais j'ouvre enfin les yeux : le Ciel veut m'éclairer :

Si tu féduis les cœurs, c'eft pour les déchirer.

Pardonne... Je m'égare... Et je devrois peut-être

Dans l'infidèle Amant, refpecter plus le Maître;

Eh! que font à mes maux, la grandeur & le Roi?

Je ne vois qu'un mortel infenfible, fans foi,

Qui rompant les doux nœuds où j'étois affervie,

M'arrache avec fon cœur le bonheur & la vie.

C'en eft fait: fur la terre il n'eft plus rien pour moi;

Cruel, en te perdant, je perds tout avec toi.

    Aux favoris des Rois cette épreuve eft commune.

J'ai vu jadis la foule affièger ma fortune.

Aujourd'hui loin de moi tout s'éloigne, tout fuit:

Tout enfin m'abandonne à l'horreur qui me fuit.

D'obfcurs infortunés ont au moins l'avantage

De trouver dans leurs maux un cœur qui les partage;

Et moi, dans ce haut rang qui fit tous mes malheurs,

Je n'ai pas une main pour effuyer mes pleurs.

Dieu! quel fonge eut jamais un réveil plus funefte!

Le trifte fouvenir eft tout ce qui m'en refte.

J'ignorois jufqu'ici combien il eft affreux

De perdre le feul bien qui peut nous rendre heureux.

Quand l'amour de ton cœur m'offrit le sacrifice,

Ai-je, pour te séduire, employé l'artifice?

Par quel aveuglement me laissai-je charmer?

Je crus que pour te plaire il suffisoit d'aimer:

Je suivis mon penchant. Hélas! pour toute adresse

Je laissai sans détour éclater ma tendresse.

Quoi! tandis qu'à tes vœux la Cour de tous côtés

Offroit un choix facile entre tant de Beautés,

Quel charme à tes regards distingua la Vallière!

Chacune avoit ses droits: l'une orgueilleuse & fière

Vantoit son rang superbe & l'autre ses attraits.

Toutes de l'art de plaire épuisoient les secrets:

Moi, je n'eus qu'un cœur tendre, & je fus préférée.

Adorant le mortel dont j'étois adorée,

Je pensois que l'amour conduisoit au bonheur.

Comme je me plaisois à chérir mon erreur!

Tes larmes, tes fermens, je crus tout, & mon ame

Avec sécurité se livroit à ta flamme.

Oui, sure de ta foi, je ne redoutois rien.

Qu'on abuse aisément un cœur tel que le mien!

Par un chemin de fleurs, conduite dans l'abîme,

J'ignorois en tes bras que l'amour fût un crime.

Mais que j'ai payé cher ce dangereux plaifir !

Ah ! pour m'abandonner falloit-il me choifir ?

J'ai mérité mon fort : le Ciel en fa colère

M'a fans doute infpiré le defir de te plaire.

Et comment réfifter ? je voyois à la fois

Des Amans le plus tendre & le plus grand des Rois

Dépofer à mes pieds fon cœur & fon Empire.

Cependant tu le fais & j'ofe encor le dire,

La tendre la Vallière, en payant ton ardeur,

N'a jamais dans le Roi recherché la grandeur.

Si tu peux en douter, defcends du rang fuprême

Et tu verras alors fi c'eft bien toi que j'aime.

Je ne vis que ta flamme, & mon cœur amoureux,

Infenfible à tes dons, ne céda qu'à tes feux.

Tu me tîns lieu de tout. En vain cette Jeuneffe

Fait briller à nos yeux la grace, la nobleffe,

Par fa démarche augufte & ce front fi charmant

Louis eft de fa Cour le plus bel ornement.

O vous, qui fiers des droits d'une illuftre naiffance,

D'un Monarque fuperbe étalez la puiffance,

Grands, de vos titres vains ceffez d'être jaloux.

Quand mon Amant paroît, il vous éclipfe tous.

Louis, de mes erreurs, oui tu fus la première,

C'eft toi, c'eft encor toi qui feras la dernière.

En vain cherchant la paix & fuyant les Mortels,

Je viens me dévouer au culte des autels;

Dans le fond de mon cœur ton image attachée,

Non, jamais par le tems n'en peut être arrachée.

Ingrat, connois ce cœur dont tu trahis la foi,

Malgré ton inconftance, il brûle encor pour toi.

Oui fans ceffe... Ah plutôt! que ne puis-je moi-même

Comme toi fans effort oublier ce que j'aime?

Moi, ceffer de t'aimer! eh! le puis-je jamais?...

Hélas ! c'eft vainement qu'au ciel je le promets.

D'un fouvenir fi cher fans ceffe pourfuivie,

Dans quel affreux tourment dois-je traîner ma vie?

Oui, l'amour en mon fein fignalant fa fureur

Accroît à chaque inftant ma flamme, mon erreur;

Et

Et ce penchant fougueux reſſemble en ſon ivreſſe

A la vague qui fuit & qui revient ſans ceſſe.

La retraite, la paix, le ſilence, la nuit,

Tout retrace à mon cœur l'ingrat qui l'a ſéduit.

Dieu témoin de mes pleurs, pardonne à ma foibleſſe.

C'eſt le dernier éclat d'un amour qui te bleſſe.

Pardonne... Mais hélas! près de ſuivre ta loi,

Tout pour m'en écarter conſpire contre moi.

Grand Dieu, puis-je oublier que le Ciel m'a fait mère?

Et quand je ſonge aux fils, puis-je oublier le père?

 Ose voir ſans frémir, quand je me donne à Dieu,

Le pénible fardeau qu'on m'impoſe en ce lieu.

Des maux les plus amers avaler le calice;

Avoir pour ornemens la haire & le cilice;

D'un bonheur qui n'eſt plus, garder le ſouvenir;

Redouter à la fois le préſent, l'avenir;

Aux plus humbles emplois ſe complaire à deſcendre;

Jeûner, prier, veiller ou dormir ſous la cendre;

Brûler d'un feu ſecret qu'on voudroit étouffer;

Le combattre ſans ceſſe, & n'en point triompher.

D

Eft-ce là le deftin que je devois attendre

Des fermens d'un Monarque & d'une ardeur fi tendre ?

Sont-ce là ces feftins, ces fpectacles, ces jeux,

Interprêtes difcrets de nos paifibles feux ,

Où fous un voile heureux tranquile & triomphante

Je goûtois en fecret les plaifirs d'une Amante?

Et je fuis dans ces lieux? quel étrange féjour

Pour un cœur encor plein des erreurs de l'amour!

Sur quel fragile bien notre bonheur fe fonde.

Où fuirai-je? où cacher ma trifteffe profonde !

Irai-je m'expofer, par un lâche retour,

A la fauffe pitié d'une fuperbe Cour?

Irai-je, éternifant une douleur fatale,

De mes pleurs à tes yeux embellir ma rivale;

Et témoin de tes feux, fur mes propres débris

Elever fon triomphe, & fouffrir fes mépris?

Non, non, fachons plutôt, quand Louis me délaiffe,

Dans ce cloître enfermer mes maux & ma foibleffe.

Loin des yeux importuns, j'y goûterai du moins

La funefte douceur de pleurer fans témoins.

Peut-être auſſi le tems, la retraite, l'abſence,

Me feront retrouver la paix & l'innocence.

Que dis-je? Quand l'amour de mes larmes vainqueur

En farouche tyran règne au fond de mon cœur;

Quand toujours plus ardent il s'allume en mes veines;

Puis-je former, grand Dieu, ces eſpérances vaines?

Ah! pour calmer un cœur dévoré de mes feux,

Que ſervent la retraite & l'abſence & les vœux?

Dans le vain tourbillon où ce monde frivole

En d'inutiles jeux perd un tems qui s'envole,

L'amour ne peut lancer que des traits impuiſſans.

Le plaiſir, la douleur, tout gliſſe ſur les ſens:

Mais dans la ſolitude, au fond de la retraite

Notre ame toute entière au bien qu'elle regrette

Ne reſpire, ne voit, ne ſent que ſes malheurs:

C'eſt-là qu'avec ivreſſe on s'abreuve de pleurs:

Que l'amour exerçant un tirannique empire

Enfonce dans les cœurs le trait qui les déchire;

Et qu'enfin les regrets, les larmes, les combats

Ne font qu'approfondir l'abîme ſous nos pas.

O Vous, qui, dès l'enfance au Seigneur consacrées,

Vivez encor par choix sous ces voûtes sacrées;

Vous, dont la voix touchante & les tendres accens

D'un cœur pur & soumis accompagnent l'encens;

Chastes Sœurs, de l'Amour vous ignorez l'empire.

Sur vos tranquiles fronts l'innocence respire:

Quelquefois cependant je vous vois soupirer.

Hélas! vous n'avez point mes fautes à pleurer.

O Louis, le destin pour moi seule barbare

Veut enfin que mon cœur du vôtre se sépare.

C'en est fait: réprimant des transports superflus

Puisque vous l'ordonnez, je ne vous verrai plus;

Cependant la Vallière à plaire accoutumée

A besoin, je le sens, d'aimer & d'être aimée.

Dieu seul, Dieu qu'en ce jour je choisis pour époux

Doit régner sur un cœur qui ne vit plus pour vous.

Dans ce tombeau sacré, dont l'horreur m'épouvante,

Il faut donc pour jamais m'ensevelir vivante.

Pour jamais enchaînée en ce triste séjour

Je verrai donc sans vous naître & mourir le jour!

Qu'à regret je fléchis fous le joug qui m'opprime!

Le repentir n'eft-il qu'une impuiffance au crime?

Eh quoi! toujours promettre & toujours différer!

De ces délais cruels quel bien puis-je efpérer?

Et je balance encor, quand peut-être lui-même

Dieu m'a tantôt dicté fa volonté fuprême.

Vous le dirai-je, ô Ciel! dans l'horreur de la nuit,

Laffe enfin de chercher un repos qui me fuit,

Errante en ce défert, incertaine, égarée

Pour calmer les tourmens dont je fuis déchirée,

Tant le remords affreux trouble un cœur criminel!

Je venois dans ce Temple implorer l'Eternel.

Un jour foible éclairoit ce lieu paifible & fombre.

Je vois ou je crois voir dans l'épaiffeur de l'ombre

Des fantômes couverts de funèbres lambeaux

Tout-à-coup s'élever du goufre des tombeaux.

Tremblante, je veux fuir... Une voix qui s'élance

De la profonde nuit interrompt le filence.

A cette horrible vue, à ces triftes accens,

Une morne frayeur glace auffi-tôt mes fens:

Je tombe, & fans fecours, pâle, froide, éperdue,

Sur le marbre long-tems je demeure étendue.

Ces fpectres, cette voix, & je n'en puis douter,

Par un ordre du Ciel m'ordonnoient de quitter

Les charmes menfongers de ce monde profane

Et d'étouffer en moi le penchant qu'il condamne.

Eh bien ! pour plaire à Dieu, ce fuperbe vainqueur,

Pour ne plus rien aimer, je vais brifer mon cœur ;

Me vaincre. Oui, je le veux... Ou du moins je l'efpère.

Jufte Ciel ! dans l'erreur de mon règne profpère,

Je ne prévoyois pas qu'il me faudroit un jour

Defirer comme un bien de n'avoir plus d'amour.

Hélas ! prête à former ma chaîne douloureufe,

Je tremble, je frémis... Que dis-je, malheureufe ?

Ce lieu me doit-il donc infpirer tant d'effroi ?

Quand tout ce qui m'eft cher n'exifte plus pour moi ;

Quand rien ne peut guérir ma bleffure profonde,

Eh ! quel nœud déformais peut m'attacher au monde ?

Allons, parmi fes Saints, Dieu m'appelle... Et j'y cours.

Pour me vaincre, grand Dieu, prête-moi ton fecours.

Viens d'une heureuse ardeur enflammer mon courage.

Hélas! roseau fragile, agité par l'orage,

Je languis, je succombe & je péris sans toi.

Viens mettre une barrière entre Louis & moi.

Eloigne un souvenir que je crains & que j'aime.

En un mot, Dieu puissant, sauve-moi de moi-même;

Triomphe, & pour jamais dans ce cœur combattu

Fais rentrer, s'il se peut, la paix & la vertu.

Soutiens mes pas tremblans, ô mon Dieu, je t'implore.

Mais quel feu chaste & pur m'embrase & me dévore!

Mes yeux s'ouvrent. Je sens qu'un pouvoir immortel

M'arrache à ma foiblesse & m'entraîne à l'autel.

Pour expier enfin des erreurs si fatales

Je vais ceindre mon front du bandeau des Vestales.

Oui, dans le sein de Dieu je me jette aujourd'hui ;

Adieu, Prince; il est tems de n'aimer plus que lui.

Ma raison autrefois d'un vain songe occupée

Des faux plaisirs du monde est enfin détrompée.

Adieu : que votre sort soit plus doux que le mien!

En renonçant à vous, hélas! je sens trop bien

Que je n'ai pas long-tems à fouffrir la lumière.

Puiffiez-vous ne jamais regretter la Vallière !

C'en eft fait : pour toujours je me confacre à Dieu,

Cher Prince, & je vous dis un éternel adieu.

De l'Imprimerie de Ph. D. Pierres, rue S. Jacques.